微阅读

爱情没有那么难

向日葵◎主编

农村读物出版社

图书在版编目（CIP）数据

爱情没有那么难 / 向日葵主编. — 北京：农村读物出版社, 2014.3

（微阅读）

ISBN 978-7-5048-5713-2

Ⅰ. ①爱… Ⅱ. ①向… Ⅲ. ①爱情－通俗读物 Ⅳ. ①C913.1-49

中国版本图书馆CIP数据核字(2014)第015600号

策划编辑　黄　曦
责任编辑　黄　曦
出　　版　农村读物出版社（北京市朝阳区麦子店街18号楼　100125）
发　　行　新华书店北京发行所
印　　刷　北京市兆成印刷有限责任公司
开　　本　720mm × 1000mm　1/32
印　　张　4.5
字　　数　100千
版　　次　2014年7月第1版　2014年7月北京第1次印刷
定　　价　17.00元

前 言 Preface

爱情到底有多难

无论是一见钟情，还是日久生情，爱情令人最期待的结局是什么？当然是有情人终成眷属。但世事就是如此难料，太多恋情，走不到这个结局。太多男女，在尝够了爱情的甜蜜后，黯然分手，从此，彼此的生活中再也看不见彼此。

于是，面对爱情，有人发出哀叹：爱情，你为何那么难！

爱情到底有多难？我们不如平心静气地整理下自己爱过的这些

人，那些事情，好好回答这个问题。

我们的爱，每次到底输给了什么？那些人，那些爱，为何就这样在风中散落……

是不是输给了耐心？我们总觉得放弃之后，还有更好的，所以，争吵时，我们由着性子火上浇油，让爱在争锋相对中遍体鳞伤。

是不是输给了忽略？在和恋人挽手前行的路上，我们不够专心，我们常常望向海市蜃楼，并把它当成自己追求的目标而忘记了眼前人，忘记了平凡生活中细碎如叙事般的幸福。

是不是输给了贪念？我们太想从爱情中获得和爱情无关的财富和优渥的生活，攫取的欲望模糊了彼此的真心，让爱在物欲横流中越漂越远。

是不是输给了时间和距离？那些不在身边的日日夜夜，我们不再回忆当初的怦然心动，轻易就把眼光转向了更现实的路人甲和路人乙。

就这样，我们的爱，输掉了。

可我们不应该输掉未来。未来的日子里，我们的运气没有那么不好，我们还会，一定会再次邂逅爱，邂逅那个愿意停下来，一路同行的人。为了那个时刻，我们要有信心。

所以，在这里，我们一起来整理，站在这里，回望过去，那些伤害爱情的点点滴滴。提醒自己，再次遇见爱，会好好珍惜。

目录 Contents

第一章 蹉跎的爱情剩斗士

症状1：红尘角落里的宅男腐女 10
症状2：为何总是有人缘没爱缘 14
症状3：不作选择等于与真爱擦身而过 17
症状4：爱之前自我评估的两个极端 20
症状5：总是等待下一个 23
症状6：爱你在心口难开 27
症状7：在哪里摔倒就在哪里趴下 30
症状8：聊天止于“呵呵” 33
症状9：间歇式发作的“口是心非” 36
症状10：爱情重度木讷患者 39

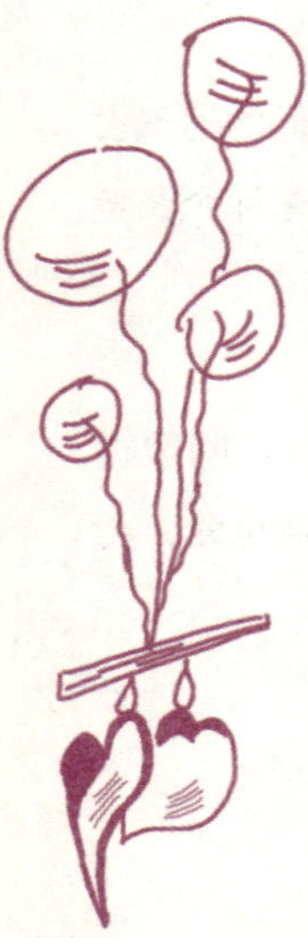

第二章 有多少爱可以胡来

影像1：单人房双人床 44

影像2：天生的爱情掠夺欲 47

影像3：爱情中的“极致利己者” 50

影像4：伤人的喜新不厌旧 53

影像5：过客心态等不到爱情 56

影像6：谁把手机用成了GPS 60

影像7：被荷尔蒙主宰的爱情 63

影像8：当爱情挥霍成了奢侈品 67

影像9：暂停算不算结束 70

影像10：只在愚人节那天说爱你 74

第三章 爱情不仅是纸上谈兵

兵法1：欲擒故纵的理论及实践 79

兵法2：抽身离去有时是上策 82

兵法3：扮猪能吃掉大大的“老虎” 86

兵法4：声东击西带来的意外惊喜 90

兵法5：循序渐进由知己升级为爱人 93

兵法6：吃回头草的是匹聪明的马 97

兵法7：美人计从来都是百试不爽 100

兵法8：创造机会英雄救美 104

兵法9：“收买人心”的积极意义 107

兵法10：适度的“坏”谢绝好人卡 110

第四章 情爱之上婚姻之下

片段1： 婚礼当前为何我总是落跑 115

片段2： 试婚试出的厌婚症 119

片段3： 婚姻不是玩勇敢者的游戏 122

片段4： 被欲望清单绑架的姻缘 125

片段5： 要不要娶“女神”是个问题 128

片段6： 论“门当户对”的普适价值 131

片段7： 悲哀的爱情木乃伊走不进婚姻 134

片段8： 肉食者的肉食婚姻 137

片段9： 婚姻让爱情死有葬身之地 140

片段10： 赢了你却输了全世界 143

第一章

蹉跎的爱情剩斗士

岁月，蹉跎了，
只剩下我，依然奔走
在寻爱的路上。

症状1：红尘角落里的宅男腐女

红尘是热闹的，充满了人的体温，世俗的欢乐和悲喜。这个真实的世界，节奏太快，快得来不及掩藏自己。说错的话，做错的事，被晾晒着，提醒着自己的不完美。

这个真实的世界让人想退缩，退到一个安全位置，让自己能够舒服地用自己喜欢的姿势，去观察这个世界，选择与这个世界交往的方式。

自从有了互联网，这个理想得以实现。

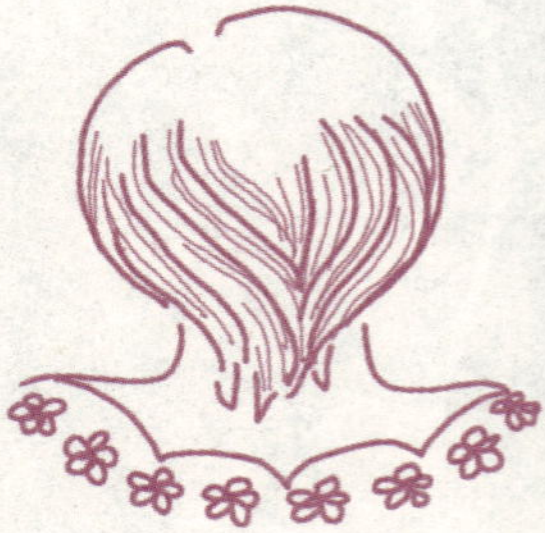

在网络的世界里，终于找到了一个安静的角落。这个角落，并非与世隔绝，但却明确地只属于自己。可以笑着哭，可以哭着说我很好，可以小小恶作剧，可以允许自己说错话后不用窘迫地说“对不起”。

这个角落，可以尝试任何一个以往没尝试过的角色。内向者，因为不用面对面，得以克服性格上的不足，谈笑风生，风流倜傥；相貌平凡，资质平庸，不够自信，在这个角落，也可以蒙上“面纱”尽情扮演“高富帅”或“白富美”。

在这个虚拟的世界里待得太久，渐渐的，有些人，开始抗拒走出虚幻，而愿意用虚幻代替真实，活在那个世界里。世间的热闹变成了嘈杂和纷乱，那么危险，变得那么没有吸引力。

就这样，颠倒了虚幻和现实，有些人，变成了不折不扣的宅男和腐女。人的基本生活需要，似乎都能网络上解决。吃的，可以网上订餐，或者电话叫外卖。穿的，网购更是足不出户，购遍全球；娱乐，丰富的网络资源让人应接不暇，电影、电视剧、游戏，古今中外，无穷无尽。连爱情，似乎都能网上下载，各色网恋，打破了距离感，年龄感，甚至性别感，变得毫无界限。视频，语音，不用出门，也照样能日日约会，亲耳听见，亲眼看见。

外出，似乎变得越来越不需要。

可再强大的虚拟社会，还是做不到最原始的面对面的那种带着体温的交流。笑容是有温度的，如果你当面看到；笑声是有重量的，如果你能当面听到……

最关键的是，再深的恋情，即使已经在虚拟的世界里如胶似漆，没有真实的面对面的真实接触，那都是纸上谈兵，海底捞月，永远不会有实质性的进展。

红尘角落里，如果你正是这样的宅男腐女，要找到你的爱情，不能再痴迷于虚幻世界里。走出来，晒晒久违的太阳，淋淋已经陌生的小雨。然后，找到那个他（她），一起品尝人间烟火，一起经历日出日落。现实中的不完美，不能在虚幻世界里弥补，需要的，不过是一点点面对现实的勇气。

症状2：为何总是有人缘没爱缘

热闹是否能驱散孤单？问问那些有人缘的交际场红人们吧。他们似乎是没有时间孤单的。他们实在是太受欢迎了！无论何时，人前人后，身边总簇拥着各种各样的好友。饭桌上，娱乐场上，各种趴（Party，派对）上，他们左右逢源，他们呼风唤雨。

可事实上，正是因为被浸泡在过于饱满的友情中，这些超级有人缘的交际场红人们，很多都很缺爱。

这很难理解吗？其实道理很简单。太有人缘，就如同一杯满到要溢出的水，每个角落都写着“客满”，哪有空间再去容纳爱情。

如果友情强大到驱赶爱情的程度，不要怪丘比特爱神没关注到你，当他每次拔出箭想射向你时，总是无奈地发现，你身上已无处落箭，你的心没有了空隙。

友情确实能温暖你，可是，友情终究不能代替爱情。夜深人静，朋友们都在自己的故事里沉沉睡去，你只能回味白日的繁华，在黑夜里辗转反复，心头总觉得缺点东西。

有人缘没爱缘，命运似乎和你玩了一场可笑的游戏。

不如调整下友情的比例？周一到周五，可以调素琴，阅金经，和朋友谈天说地。周末，换个心情，换个角度，把这美妙的时间留给爱情？

约上心仪的那个他（她），吃吃饭，谈谈情。

即使一时没有寻觅到合心意的伴侣，周末的时间，也可以留给自己。让别人知道，你还是单身，你的友情并没有填满你的心，你等待的姿态，会给追求者信心和勇气。

把自己活成半杯水的状态，不空虚，但留有足够的空间，容纳生命中也非常重要的美好感情。

当你停下脚步，静静聆听，也许就能听到爱情的声音，当你转身，爱情也许刚刚好，赶上你。

友情需要半糖主义，不要甜到腻，留白之处，正好容纳你期待的爱情。

症状3：不作选择等于与真爱擦身而过

有一类人，在爱情中，很怕做选择，总觉得，只要不选择，心头所爱，就都是自己的。不选择，就会有很多种可能。不选择，就不会伤害任何人，自己还能安享齐人之福。

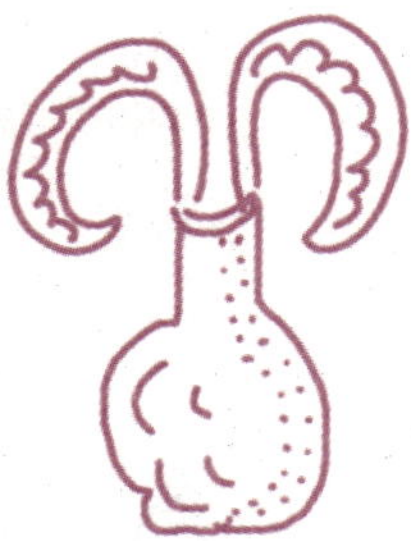

可世间少的就是这样的两全其美。鱼与熊掌兼得的几率，不是没有，但确实是少得可怜。

爱情具有排他性，无论多么大度之人，都不会甘心爱情被分享。面对多个对自己抛出爱情的花枝的人，不能轻率决定，可以给自己一段思考期，观察期，但这个特殊时期，不能太长，不能左右逢源，两面三刀，在明白自己的内心后，就要做出选择，给对方一个明确的答复。

不要觉得明确否定的答复，明确拒绝是伤害。给对方留下有希望的假象，让对方一直不能放开，那才是最大的伤害。

如果迟迟不做选择，伤害面更大。那个真心喜欢的人，并未从你这里获得肯定的答复，也许会被你的迟疑和不决断销蚀掉浓烈的爱慕，转身离去，让你错失真爱。在优柔寡断间，当初的热情被一点点销蚀，从深情变成淡漠，最后心头再无波澜。爱情不是无限期的，它同样有保鲜期。在最鲜嫩的那刻品尝是甜美，过期后才享用，那味道可想而知。

在机会面前，不做选择就是放弃。多项选择题，不选择，不是留有机会，而是放弃机会，不选择，其实就是另一种“错选”。爱情也是这个道理。

症状4：爱之前自我评估的两个极端

人需要有自知力和他知力。先说自知力。这个自知力，就是自己对自己的定位。他知力，就是理解自己在他人眼中的形象。对自己既不要妄自菲薄，也不要盲目自信。我们不仅要正确评估自己，我们也需要去了解我们在别人的评价中，在别人的眼睛中是怎样的。

在爱情中，这种自我评估就更可贵了。

可是总有这样的一些人，这样的评估体系出了故障，导致自我评估能力出现了问题。

极端一：我什么也不是，我如此卑微，毫无竞争力

他们也许是受过一些挫折的，在哪里跌倒，他们没有从哪里站起来，而是就势趴下了。他们觉得这个世界完全不属于自己，自己是个边缘人。冷眼看别人成功，看别人幸福，看别人热闹地生活。自己只是一个可悲的看客。

被挫折吓破了胆，所以他们退守到一个角落，把爱情望成了一个企及不到的遥远的梦。

实际上，他们未必有自己想的那么失败，他们的可爱之处，被他们深深隐藏，对外，只露出一副不由哀的表情，那样的表情，如一道逐客令，赶走了一切爱情的机会。

极端二：我这等人物，这世间怕是找不到和我相配的人了

他们不缺自信，这自信甚至膨胀为了极度的自恋。对自己过高的评价让他们的眼光掠过人群，投向飘渺的云端。

他们把自己看得过于完美，看到他人，总是放大别人的缺点，然后心生嫌弃。每一次对他人的审视，更提高了自己自恋的级别。这样的人儿，不断神话自己，全然屏蔽他人的评价，最终生活自己的世界了。他们这样想：像我这般了不起的人物，这世间怕是找不到和我相配的人了。

症状5：总是等待下一个

总是得不到的东西最好，这确实是真理。再美的女人，一旦被男子拥有，就变成了男子胸口一颗从嘴边掉落的白米饭，如果求之不得，就是男子梦境中永恒的白月光。

这样的规律，让太多女子寒心。不知道面对热辣的追求者，是应允呢，还是和他永远保持若即若离的距离，营造神秘，从而使他的关注持久。可如果这样，爱情就变成挂在枝头的焦虑，因为害怕拥有后的厌倦和丢弃，永远落不了地。

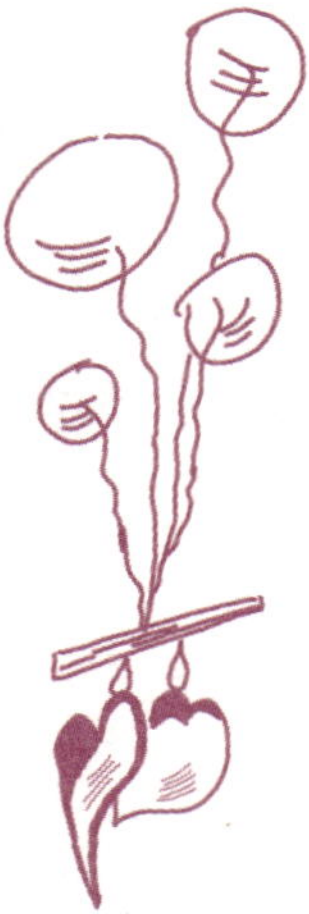

对于女子的这份焦虑，不知道男人了解几分。对于男子来说，什么时候收回心是个很重要的问题。都知道需要在对的时间遇到对的人，可是，这个对的人，是多选题还是单选题，这是很多男人想知道的。

正因为不知道最后的答案，有些男人，一生都在执著地等待。那些经过他们身边的风景，其实也足够美丽，但他们总觉得，等等，再等等，再等等，也许，更美丽的还在后面，不能着急……

20岁的时候，在等待；30岁的时候，在等待；40岁的时候，还在等待，一直等到两鬓苍苍，两眼迷蒙……

可爱情不能浅尝辄止，遇见后，需要用长长的一生去发酵温度，去经营延伸。如果不能在合适的时间停下不甘心的欲望，获得爱时，已经没有时间酿造。

所谓在合适的时间做合适的事情，就是在枝繁叶茂之时，不要花太多的精力去等待飞舞的蜂蝶，不如坐成一株沉静的莲，只要遇见那个经过时为你回眸的有心人，只要情投意合，就安心地“闭门谢客”，只留着这一个有情人，窗外风也好，雨也好，艳阳天也好，都与我何干。

有人说，不要为了一棵树放弃了整个森林，可事实上，如果为了得到整个森林放弃了那棵该拥有的树，最后的结局也许是，你失掉了整个世界。因为，那片森林只是你的幻想，只是海市蜃楼，压根就不可能属于你。

症状6：爱你在心口难开

总有人期待，自己不用开口，那个人，就知晓了自己全部心意。

可事与愿违，人与人之间，并非总是那么频率合拍，气场相合。所以，如果没有及时的沟通，更多的情况是，落花有意流水无情。

不知道这样的错过，害了多少好姻缘。

所以不要再迷信静观其变，是你的就是你的策略。你如果对那个人有意，如果你的信号不够明确，对方会心存疑虑，会怪自己多心。爱你在心口难开？NO，NO，NO！有时一闪念的犹豫，错失的是一生的缘分。

不要怕表白会让你失去更多。与其拥有不是你期待中的边界模糊的“友情”，不如勇敢一下，大胆说出你的心意。

爱那个人，就一定要说。说出来之后，对方是否接受，那就不是你的问题了。你爱的人，刚好也爱你，这是完美结局。万一对方已经心有所属，你也能清楚地知道对方的心意，不用在似是而非的暧昧中蹉跎自己。

如果你爱对方，不要觉得我要准备充分再表白。因为，你永远不知道等你准备好了之后，对方是否还在等你。你永远不知道，有多少状况会出现在临门一脚的那个时刻。

若你已经肯定自己的心意，早一些告诉对方你的心意吧。最真挚的告别，不需要那么长的时间去酝酿，去设计。你的真情是你最大的资本。你只需要认真地看着对方的眼睛，由心驱动，表达你最真实的感受。其他的一切，都不重要了。你的努力，已经对得起这段时间的倾心。

表白，也许你会失去对方，但记住，如果不表白，你将连失去的机会都不曾有，那是怎样的一种惋惜。

症状7：在哪里摔倒就在哪里趴下

别以为所有人都信奉“失败是成功之母”这原则，有些人，根本没有那个决心和毅力。因为确实没有答案提示，到底多少次失败之后，那位叫做“成功”的“母亲”才露面，把因失败多次而伤痕累累的孩子搂在怀里好好安慰。失败的滋味太难受，所以，有些人摔倒后，采取最省力的姿势，那就是，就地卧倒，在哪里摔倒，就在哪里趴下，不愿意再继续。

爱情中的失败，是最打击人的。自己的一腔热情，那种因热情而高高立起的自信，有时，就被对方轻蔑的一句话打到地狱，一瞬间，大厦倾颓，心灰意冷。

为了疗伤，就地趴下，似乎是最能保护自己的姿势。

可这样的趴下，一旦变成长期的姿势，那就成了一种受害心理的惯性延续。在这种心理影响下，人不断进行负面的自我暗示，不断摧残着自己的自信心，对爱越来越恐惧。

其实，在爱情中，被人拒绝是再平常不过的事情了。你有爱别人的权力，别人也有不爱你的权力，你的爱，本来就只有50%的成功几率，无论成功还是失败，都是几率很大的事情。

失败了，可以趴下，作为休整，这样的姿态无可厚非，不用勉强自己愈战愈勇，斗志昂扬。但是，这个趴下，需要适可而止，调整好自己，就可以站起来，拍掉灰尘，再次上路。

路上有美好的未知在等待你。

症状8：聊天止于“呵呵”

人生最杯具（悲剧）的事情不是我爱你，但你不知道，而是当我充满热情，充满欣喜地给你长篇大论地发信息，最终只收到你礼节性的“呵呵”两字。

这种如同一盆冷水般的礼节性回复，你是否遭遇过？

为何满心热情偏偏被雨打风吹去？这原因是值得分析的。

急于表达，一厢情愿套近乎

遇到自己心仪的那个人，当然是很兴奋的，但千万别忘记，爱情是两个人的事情，一个巴掌拍不响。你可以爱那个人，但也要允许别人不爱你。遇见自己心爱的人，先别着急表达，在不明白对方心意之前，不要那么急切地把心事和盘托出，一厢情愿地套近乎，只能适得其反。让人感觉唐突的告白，只能收获对方不知道如何答复的“呵呵”两字。

围追堵截，密集盯防

有一种追求让人透不过气来。不管对方是否愿意，无论在线上线下，在心仪之人存在的任何一个地方存在。这种围追堵截，太密集，太“凶残”，只会让人避之不及。你的出现，对于那个人来说，不是惊喜，是惊吓。在这样的情况下，你的满心热情的倾诉，当然只能得到敷衍性的，礼节性的“呵呵”两字作为回答了。

顾左右而言他，絮絮叨叨没主题

有一种情况是：你心仪的那个人，其实对你也有好感，但你太紧张了。人一紧张就容易说话没主题，拉拉杂杂说了半天，扯天气，扯国家大事，扯娱乐八卦，就是不说对方最想听的话。面对“肉”到让人抓狂的你，对方渐渐失去了耐心，对你的好感也一点点消失不见，最后只有用“呵呵”来打发你。

“呵呵”这两字，道不尽天下多少频道不对，气场不对，时机不对的悲伤，为了避免收到“呵呵”作为终结语，技巧地聊天，巧妙地追求才是成功的正确之路。

症状9：间歇式发作的“口是心·非”

人为什么要掩饰自己？往往是因为对方说中了自己的心事，自己下意识地要保护自己，让自己不用曝光在“光天化日”之下。

明明在网上一直等待对方灰色的头像亮起，可真正亮起，又假装不在意，不愿意主动打一个招呼，然后心痛地看着那个头像再次沉入灰色。

明明等在那个人每日经过的路上，但却和对方说：呀，好巧哦，路过刚好看见你。

明明精心给那个人挑选了一件礼物，却偏偏告诉对方，你只是在街上瞎逛看见好玩顺手买的，并非刻意。

明明眼见那个人对方有了伴侣心如刀割，却在别人问起之时，假装坚强，笑着说，没关系。

我们为了掩饰自己，间歇式“口是心非”。保护自己，却也掩盖了真心。

所以，那个人，永远不知道你为了他（她）是怎样的彻夜难眠，寝食难安。你笑着哭，哭着说着没有什么大不了，我自己一个人可以……

口是心非的孩子不是真的坚强，是故作坚强。他们的悲伤不愿意别人看到，这样的孩子，很令人疼惜。

其实，不如真实一回，大胆地承认，是的，我在等你，我看到你和他（她）在一起，我真的很伤心，看到你们幸福，我不能笑着祝福，我甚至暗地里希望你们闹矛盾，然后让我来安慰你。

这样的坦白，也许让人诧异，可起码解脱了你自己，你终于能放声大哭，不用顾忌。

症状10：爱情重度木讷患者

也许在别人面前，你也是能够口吐莲花，滔滔不绝的。可是，真如同被施了魔咒一般，唯独见了那个人，你脸色苍白或通红，不能顺畅表达，患上了爱情的重度木讷症。

别着急，这不是什么“不治之症”。因为每个人都一样，越珍惜的，越胆怯；越在意的，越不忍提起。让你那么窘迫的，往往就是你最重视的人。

反常的，表达的正是真心。

可重度的木讷还是会阻碍交流，阻碍你对爱的表达，所以，也不能放任下去。

如何能降低这种“症状”的过激表现？试试以下的方法，说不定有效哦！

好感初期，多制造和他（她）及共同的朋友多人相处的机会

当你不习惯单独面对他（她）的时候，给自己一个缓冲期，也许面对共同的朋友，你们相处会更自然，能在热闹的气氛中，慢慢放松自己的紧张的心情，渐渐的，你会发现，你面对他（她）的时候，自然多了，说话也流利多了。不过，这个时期你要特别注意，别半路杀出个程咬金，捷足先登，把你的爱人给“秒杀”了。

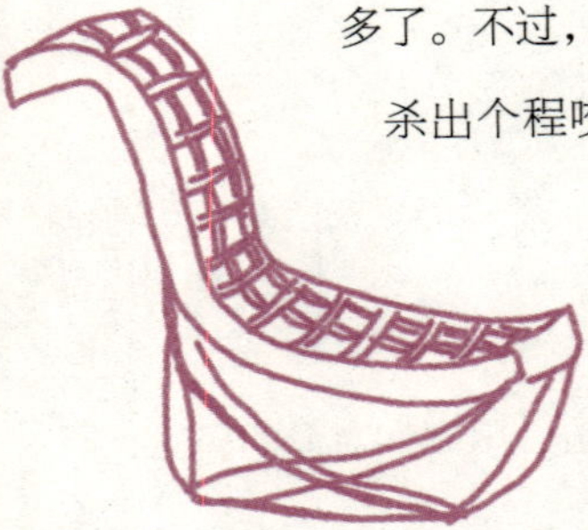

约会时选择一个有背景音乐的环境

还没挑明关系的约会，最忌讳的就是无话可说。如果你还是紧张，那么，就把约会地点安排在一个有背景音乐的环境吧，这样，一旦你们的聊天卡住了壳，也不会变得那么尴尬，两人可就着音乐平静下内心。欣赏音乐的过程，其实也是一种静态的交流。

平时加强线上的联系

如果见面还是感觉紧张，在相处最初，最好多多采用线上联系的方式。这种方式最大的好处是，你不用被对方的表情影响。因为不是当面，所以有了很多回旋的余地。即使是被拒绝，也因为没有亲耳听见，杀伤力小了很多。如果想对他（她）说肉麻的话，也比当面说，轻松自如了许多。

爱情木讷症，没有什么了不起，没准，你面红耳赤的过激反应，在对方看来，恰巧是你的可爱之处。虽然看上去有点傻傻的窘迫，但聪明的人会知道，有这种反应，说明付出的是真心，不是假意，值得珍惜。

第二章

有多少爱可以胡来

曾经以为我们的爱不会枯竭，直到挥霍过后，才知道，过去的都一去不复返了。

影像1：单人房双人床

他们，号称自己是不婚主义。但同时，他们又从来不拒绝情爱的到来。他们心中有爱，但这种爱是博爱。他们如同花丛中的蝴蝶，为花儿动情，为花儿流连，但从来不会为了特定的那朵花停下来，他们一直在路上，乐此不疲。

他们自称自己单身，但他们的房间里却放着一张暧昧的双人床。他们自称单身，但从来不会寂寞。他们左右逢源，左拥右抱，莺歌燕舞，送往迎合。

他们标榜自己是世间最潇洒的情圣。异性之间的关系被他们冷酷地分解了。去掉了真心，去掉了深情，只剩下单纯的情欲。

也许没有了维系感情的压力，他们的爱不需要储蓄，不需要有所保留。所以，他们的情足够炽热。他们把几十年的能量用在了一朝一夕。如果你被吸引，参与了这场情欲的游戏，贪恋这份绚烂，等情爱熄灭，收获的，只能是那一地的爱情遗体。爱恨相当，在这样的爱情游戏中，无所顾忌地燃烧自己，换来的，其实是一生刻骨的心痛。

这是一种饮鸩止渴的“爱情”。有人为了掩盖自己的失意，用“不求天长地久，只求曾经拥有”来麻痹自己，可爱过后的落寞，又岂是这样单薄的一句话能够安慰。

单人房里的双人床，承载不了爱情，承载不了天长地久。在没有新意的日夜挥霍中，逐渐空虚了灵魂，腐败了激情。

单人房里的双人床，腐蚀了岁月，挥别了真情。以为自己已经到了翻手为云覆手为雨的境界，其实，这一切都是幻影，当年华老去，才幡然醒悟，自己除了那条破旧的床单和那些荒唐的往事，其他的，一无所有。

影像2：天生的爱情掠夺欲

爱情的意义是什么？不同的人不同的回答，但有一类人，爱情于他们，是夺取的胜利感，是占有。

他们享受的，是追逐和掠夺的乐趣。

他们似乎带有天生的“斗志”，那个人让他们心动，不是因为足够优秀，不是因为足够出众，而仅仅是因为他（她）不属于自己，他（她）身边的爱人看上去似乎是很般配很幸福的，那种牢不可破的关系直接刺激了这类抢夺者的神经。“没有什么不可能被破坏”，这是掠夺爱

好者的信条。他们的人生意义，似乎正是通过夺取来实现的。

把不是自己的变成自己的，这个过程，似乎更让他们心驰神往。这个过程，他们把自己武装成一个强大的战士。无所不能地显摆着自己的优势，自己的手段。或者是良好的家世，或者是雄厚的财力，如果这两者都不具备，他们一般还有过人的口才和各种取悦他人的技巧和耐心。他们娴熟地运用这一切资源去改变他们鄙视的已成事实。

他们是爱情这个池子里凶残的鲨鱼。一到来，就搅动起了血雨腥风。让安静变得躁动，破坏了原有的平衡。

如果有人说他们的这种行为是不道德的，他们一定会反驳，如果能够被掠夺，被破坏，说明原有的基础已经出现裂缝，他们不过是剔除爱情腐殖质的良性催化剂。

别以为他们千辛万苦抢夺来的爱情就会好好珍惜，“战利品”对于他们来说，只是一个阶段性的奖励，天长地久不是他们的目的，在夺取的那一刻，他们的目光已经瞄准了下一个目标。

影像3：爱情中的“极致利己者”

爱情是一种投资，相爱的人，互相的给予和收获，是一种互动，在这种互动中，情感加温。最终修成正果。舍与得，是一种和谐的动态平衡。

但并非人人都能这样波澜不惊。很多的情况是，给予与获得，并非都能获得很好的结果。

有些人，定性不足，自己都不了解自己需要什么，走走看看，东一榔头西一榔头，投入并非与获得成正比，晃悠了大半生，还是孑然一身。

有些人，倒是愿意投资的，可不够幸运，所遇非人。于是，从此就抱定了受害人心理，不再相信任何人，可这样的退守完全没有意义，没有投入，哪里会有收获。

以上这些，都算是事出有因，有一种比较极端的情况是，有些人平时就精于算计，这种算计，也用到了爱情中，凡事都要仔细打算，计算得失，计算受益，这种“极致利己者”是用一种商人的心态在经营爱情。

恋爱初期，观望观望

这是考察期，也是互相试探期，是否能走下去，很难说。所以，“极致利己者”抱着“不见兔子不撒鹰”的原则，讳莫如深，观望心态明显。不仅感情上不投入，就是吃喝玩乐的花费也不肯投入半分。

恋爱中，斤斤计较

极致利己者，大多都折在了恋爱考察期，但也有少数，凭借着自己外形或者家世方面的优势，吸引了对方，正式进入恋爱期。这时的 “极致利己者”是不是就有所改变了呢。都说“江山易改本性难移”，这话不错，就算到了这时期，极致利己者也是步步为营，基本不会为对方过多付出。他们大多会自恃有一定优势，用一种高高在上的姿态，对别人提出要求，甚至索取。

极致利己者的爱情，基本就走到这了，因为，没有人能接受一个毫无付出精神的伴侣，没有互动的爱情，如同一株没有雨露浇灌的花朵，枯萎是唯一的结局。

影像4：伤人的喜新不厌旧

喜新厌旧是经常被责备的一种道德缺陷，最著名的代言人，就是被黑包公的虎头铡给铡掉脑袋的陈世美了。

陈世美辜负了秦香莲，但他起码对得起后娶的公主。有一种行为，其实比“喜新厌旧”更可恶，那就是两头都不放弃的“喜新还不厌旧”。

喜新不厌旧，是一种伪善。表面上看，这人特别有情意，都有新人了，还对旧人念念不忘。其实，这不过是一种更加贪婪的表现。既贪恋新人的新鲜激情，又不舍旧人共同走过的日日夜夜。既想有未来，又不愿意挥别回忆。鱼和熊掌谁说不可兼得，左拥右抱其实就是一种两全其美。

可是，有谁问过新人和旧人各自的感受。照理说，新人该趾高气扬了吧，可身边有这样的一个人，怎能保证自己明天不会变成旧人，新和旧，都是时间问题。

爱情不能分享。在爱情中这么委曲求全，不过是割舍不下。旧人，那就更加悲惨，眼见那个人曾经的海誓山盟变了味道，用不着海枯石烂就早早地物是人非了，放弃得了固然好，可那谈何容易，只好拖泥带水地维持这关系，心存幻想，希望那个人能浪子回头，自己能上演不计前嫌的戏码，然后和他（她）旧梦重温，重修旧好。

眼见新人与旧人的纠结，喜新不厌者乐得不做选择，或者说，他们把选择的痛苦扔给了别人，还美其名曰：顺其自然。

尽享齐人之福最终还是梦一场，在看清现实后，旧人，新人，最终都会断腕求生，舍弃这样的渣人。

喜新不厌旧，看似什么都不用失去，可这正如手中之沙，越不肯放手，越容易失去。都想拥有，就等于都想放弃。

影像5：过客心态等不到爱情

过客是没有建设的心态的。过客把结果也当成过程，他们一直在路上，一路目不暇接，心如浮云。

过客遇到谁，都当他们是路人，他们也有可能微笑，但都是点头之交，他们不愿意交心，因为他们不舍得把心留下，对后面的路，他们的期待有点接近幻想。

过客太爱惜羽毛，或者说，他们对于爱情，有种洁癖。总觉得经历就是污点，无论是谁，都不够美好，不值得驻足，他们并非独身主义者，只是，他们对于爱情和伴侣的描绘有点过于虚幻。

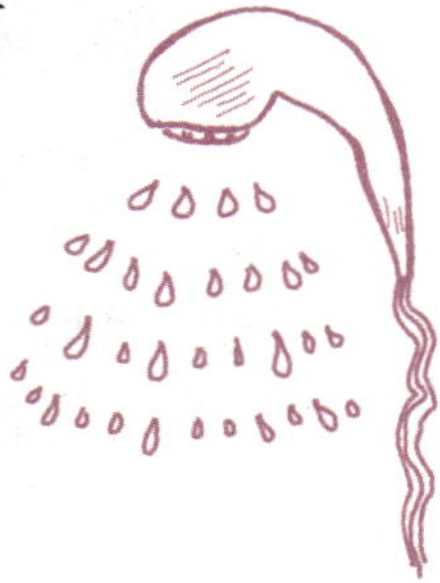

对这样的过客动心，注定是收获痛苦的。再多的付出，在他们眼里永远都差那么一点点，他们心房不开，有所保留，面对爱情的挽留，他们并没有停下行色匆匆的脚步。

可怜之人必有可恨之处，过客可怜还是爱上过客的那个人可怜？这其中的滋味很难说清。

怎么破除过客心理，要从调整自己的期待做起：

不要期待你会遇到天下最出色的那个人

人生只有一次，与其用来等待很难实现的爱情理想，不如放低身段，敞开心扉，给别人机会，也给自己机会。如果你不是全天下最出色的人，又何必要求你的伴侣如天使般完美。

后一个未必比前一个优秀

“越来越好”，“越来越年轻”，“越来越漂亮”，这些祝福语只存在于祝福中，这些美好的话语并非是现实的预估，所以，我们只能听听，不能太当真。所以，当你遇到一个还不错的人的时候，好好把握住这份感情吧，没有谁保证，你后面的岁月中遇到的人，会比眼前的他（她）更优秀，更适合你。

给予其实也是一种收获

过客心态，是一种过激的自我保护。把给予想得特别可怕，总觉得付出后，自己的人生就有所残缺，不再完美。却不知道，赠人玫瑰，手有余香。给予，其实也是一种收获。

影像6：谁把手机用成了GPS

手机的发明者不会想到，本来可以让人关系更近的先进的通讯工具，有一天会让人的心离得更远。

自从有了手机，人们发现自己更爱说谎了。因为总有人喜欢问这样的问题：忙什么呢？你在哪呢？这样的问题，直接挤压了个人的隐私空间，是没有人喜欢回答的，所以，只好虚构出一些答案来应付。

如果不是关系很深，电话中作此提问的人其实大多还是无心的，这和之前使用率很高的“吃了吗”其实具有相同的作用，不过是空洞的寒暄用语，并非一定要得到什么说法。

但如果关系很近，比如说，情侣，这样的问题就需要认真思考后回答了。因为提问者的情绪里其实已经带了很严重的不满，潜台词就是：你好久没和我联系了，你瞎忙个啥呀！怎么化解这种怨气让自己能够安全撤退，被提问者一般都会仔细思索给出一个能说服对方，安抚对方情绪的回答。

以上的假设，都有一个前提条件——你的手机没有使用定位功能。

如果你恋人手机开启了定位功能，当你希望了解恋人的方位，将不用再打电话问你就能知道他（她）的行踪。表面上看，这种联系让人很有安全感，可实际上，这种关注度，彻底抹杀了距离产生的美，彻底抛弃因神秘而萌生的激动，让恋人之间变成了线和风筝的关系，这样的爱，又怎么能够长久。

尽量说服自己放弃给恋人安上“定位仪”的念头吧，告诉自己，这种近身盯防的焦虑，对恋情的加温没有任何积极的意义。

如果没收了恋人的呼吸空间，他们就会希望另外选择一个可以自由的空间。爱情不是敌进我退，不要让手机用成GPS，让它变成爱情中的第三者。

影像7：被荷尔蒙主宰的爱情

不能不说汉语是博大精深的。同样两个字，“爱情”是神圣的，似乎精神上的意味更浓。但反过来，变成“情爱”，这种神圣的意味居然就消失了，进入了暧昧的范围，似乎动物的本能占的比例更大。

男人是视觉动物，看到美貌的异性，触发的，首先不是爱，而是欲。但男人又不仅仅是视觉动物，从小受到的教育，各种规则和道德的约束会让他们收起本能的冲动，克制住不被社会良俗认可的不当欲望，文雅起来，绅士起来，冷静起来。

这没有什么不对的。如果没有约束，这世界将会一片混乱，一团糟。

可没有什么事情是绝对的。还是有一些人，更尊重自己的内心的“野性”呼唤，他们的爱情，被荷尔蒙牢牢主宰，兴奋或者漠然，如同潮汐般明显。

遇到这样的男人，如果能说服自己不要奢望天长地久，他们还是显得相当有趣的。初相识，他们有大把的心思去取悦对方，去讨对方的欢心。他们肯花时间去猜测对方的喜好，他们一般都很有情趣，新老桥段都能玩出新意，在荷尔蒙的驱动下，他们的爱情灿烂而炫目，无论多么铁石心肠，也会慢慢融化，为他们动心。

可这样的爱情故事没有根基。只建立在荷尔蒙的基础上，从新鲜到厌倦，爱情的保鲜期太短，短到来不及起承转合就匆匆谢幕，那段爱情的转身离去，如同远处渐渐消散的烟云。

他们会说自己足够真实。还会说，一旦不爱了，继续下去，就是犯罪，就是不负责任。这样的借口，他们使用过太多次，说到最后，自己都不愿意相信。

他们的爱情，也许算是爱情，但严格算起来，又没有爱情中应该有的关于忠贞，关于坚守，关于责任，关于耐心的特性。

他们的每一段爱情，都雷同得像一款老套的游戏。怎样开始，怎样结束，仿佛被施了魔咒的固定程序。

不如停下激情的脚步，安静地坐下来，调整下呼吸，重新审视自己，日子也许可以过成另一番景象，培养自己对爱情的那份耐心。当激情散去，不要急着告别，换一个角度想想，风景看过之后，细水长流，可能才是最靠谱的爱情模样。

影像8：当爱情挥霍成了奢侈品

《失恋33天》里有这样的情节：腰缠万贯的商人眼看就要和一个满脑都是金钱却肤浅无比的女孩结婚了，婚礼前夕，他却想尝尝和一个“三观”正确的女孩谈恋爱的滋味。在他眼里，LV是日用品，而爱情才是奢侈品。

韩国著名的性感天后李孝利2013年9月结婚。令人诧异的是，她的新郎李常顺并非大家期待的高富帅，而是一个长相及家世都极其普通的音乐人。李孝利爱他的原因，居然是因为自己穷得只剩下钱了，自己的爱人却在她面前显露出真性情，一点不嫌弃，还那么喜欢她。她说：“哥哥是真的不食人间烟火，而我却只有钱。”李孝利是幸运的，混迹娱乐圈，她依然保持清醒的头脑，看惯了纸醉金迷，她却没有迷失自己，知道什么才是无价之宝，她没有嫁入豪门，而把自己托付给了具有真性情的平凡男子。谁能说她做的决定是错误的？她选择真爱，正是选择了最珍贵的东西。大家在惊呼现实版屌丝逆袭成功的同时，也感叹：又相信爱情了！

爱情真的是个永恒的主题。可爱情进入一个物欲横流的年代，却被挥霍成了奢侈品，这真是时代的悲哀。

相亲男女，第一次见面，不是试探彼此的性情和人品，而是单刀直入，直接询问对方的财力、物力，在爱情的天平上，他们更希望对方添加的是房产和存款，而不是真心和真情。婚姻被赤裸裸地明码标价，晾晒着，再也没有一丝美感。在这样的背景下，如果还奢望婚姻里有爱，那简直就是痴心妄想了。

物质的土壤，长不出爱情的花朵。

种下什么因就会结下什么样的果。如果怀揣物欲去寻爱，那只能吸引同样看重物欲的ABCD。只有自己洗尽铅华，回归本真，怀揣着一颗纯粹的真心去寻找爱情，爱情才会靠近你。

爱情禁不起挥霍，别等爱情被挥霍成了负分，变成珍稀品种才知道它的不可代替。

要真爱，请先谢绝过分膨胀的物欲。

影像9：暂停算不算结束

有一类人，总是在爱情途中，中场休息。最要命的是，休息时间不定，休息时长不定，让人摸不着头脑。

也许昨天他和你还手拉手，吃饭喝咖啡，甚至还一起在电影院里为那部情节烂俗的文艺片哭掉了一包纸巾，可第二天，他却忽然消失了，电话不在服务区，短信如泥牛入海没有回复，更过分的是，他居然还搬了家。他没给你任何理由，你也想不起到底有何地方得罪了他，不告而别，他就这样突然在你人生中“下线”了。

很冤枉吧？

可事情没完。如果说，他从此在你生活中消失了，那顶多算是个悬疑剧，随着时间的流逝，你顶多会对自己无奈地笑笑：不经历几个这样人渣，怎能随随便便当妈。

可在你将要死心的时候，他又出现了。他的出现如同他的消失一般没有预告，没打招呼，你们的重逢没有惊喜，只有惊吓。

他还是有手段的，在你将要把他忘记之前，他时机把握得那么好地再次出现，他不等你询问，就主动交代了去向，诚恳的态度，让你相信，这只是一场误会而已。终于，你说服自己，继续，继续爱下去，他的消失，是个小概率的无心之举而已……

但是，你错了，他似乎爱上了这种暂停游戏。他还会突然消

失，然后，再次出现，告诉你，他离不开你，每次的消失都是酿酒的过程，他给自己考验，最终，对你的思念让他重新出现。

你忽视了这情节的种种不合理，你居然变成了一个蒙上眼睛的结果主义，他一出现，你就对他诡异的消失暂时失忆，只要他回来，你就可以对那段缺失的时光忽略不计。

终于，真的是终于，他再次突然消失，这次，是长长的，是久久的不见，直到传来他的婚讯。原来，他的每次消失，都是寻到新欢，每次回来都是新欢变成旧爱不合他的心意。再次寻觅前，他觉得你是他最好的暂时驿站，供他疗伤，供他温习甜言蜜语……

爱情中的暂停算不算结束？这个故事，是否能给你一点点启示？当然，决定权还是在你。

影像10：只在愚人节那天说爱你

要听真心话有多难？雾里看花，真真假假，让人真的看不清。到底玩笑话是真，还是看上去像真心话的其实不过是玩笑话。

因为太怕伤害，所以，面具上身，最真的心意，往往被隐藏在最里层，不轻易示人。因为怕受伤，所以不敢投入，计算付出，每次都小心翼翼地试探，一旦感觉危险，就退回“壳”里。

这就是现代人的心态。大家都如同参加一场假面舞会，谈笑间，很热闹，看似很投机，可没人能真正看穿对方的心事。

输不起，就放弃了袒露真心的机会。怕被拒绝，所以，在清醒的时候，没有掩护的时候，绝口不提“我爱你”。

怎样才能做到进可攻退可守？那就是在愚人节那天进行试验型告白。愚人节那天说我爱你，猜猜会有什么结局。

愚人愚人愚了谁

男：其实我喜欢你很久了！

女：哦，是吗？

男：你可以做我的女朋友吗？

女：这个，这个，我想想，我想我同意。

男：真的？我真是太幸福了！

男：啵一个！

女：啵啵啵……

然后，男生就幸福地睡了一晚上，到了第二天。

男：亲爱的，早上好！

女：干吗叫我亲爱的？

男：你已经是我的女朋友了呀！

女：啊！昨天不是愚人节吗，你别以为你的玩笑话我会留过夜，哥们，我才不会上当呢，哈哈哈！

男：这……（傻妞，其实我真的是喜欢你很久了，我多希望你能当真，当真一辈子）

愚人节假装自己不受伤

男：那谁，我喜欢你很久了。

女：哦，这样呀。

男：做我的女朋友怎么样?

女：你不是我的菜呢，抱歉。

男：哈哈哈，今天是愚人节，我刚才是开玩笑的，你还真当真了呀。

女：啊，今天是愚人节呀，真是虚惊一场了，我刚才还怕伤了你呢，好在你是开玩笑的呀。

男：我就是开玩笑的，呵呵……（苦笑，傻妞，我刚才可不是和你开玩笑的，你以为没伤着我，其实我受伤了）

愚人节不是挡箭牌，如果只在愚人节那天说爱你，真心也会被别人当成游戏。爱情那么郑重的事情，即使会被拒绝，会受伤，也请拿出十二分的真心，十二分的勇气，像从来没被伤害过那样去爱吧！

第三章

爱情不仅是纸上谈兵

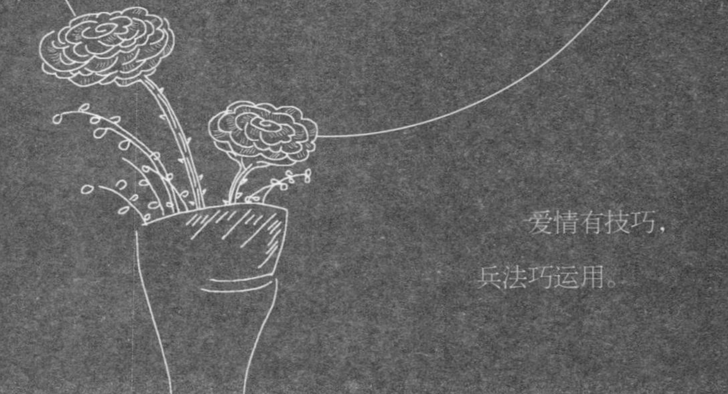

爱情有技巧，

兵法巧运用。

兵法1：欲擒故纵的理论及实践

爱情在大多时候，是追逐的过程。总有一方爱意抢先萌发。另一方要么是因为后知后觉，要么就是不想回应。先萌发爱情的这方，如果想要爱情成功，当然就需要花些心思，用上合适的爱情兵法了。

欲擒故纵，目的在前，手段在后。想要夺取爱情高地，如果正面强攻风险巨大，那就要佯攻。明明非常喜欢，但却要先隐藏自己的心意。刻意装成不在意。

这样假装一定要看上去合理，不做作，这样，才能让对方没有戒心，没有压力。

可这假装的不在意不是真的不在意。外松内还要紧。要冷静分析对方的心意。对方如果过于迟钝，那就要借用外力，在自己“纵”的同时，让身边的好友给自己传达心意，让对方明白自己的心意，并能冷静观察貌似“疏远”的你，梳理自己的内心。

如果对方暂时对自己好感度不够，那这个“纵”就要猛一点了。想办法让他（她）吃吃醋。假装对他（她）身边的人感兴趣，让他（她）当当爱情的旁观者。这是一剂很猛的“苦药”。使用得好，可以把自己心仪之人的真实心意逼出来。如果对方确实没有反应，那也就说明，自己真的不必浪费时间，陷入单恋的悲情之中了。

如果对方对自己有好感，但热度不够，欲擒故纵之计效果就太好了。本来一直对他（她）情深款款，久攻不下。这时就需要做战略性撤退，退到一个相对远的距离，给对方一个反思的空间。如果他（她）其实已经习惯你的存在，并逐渐走近你，你的突然抽身离开，会让他（她）感觉不适应，意识到你的存在和你的重要性，从而让你们的爱情之旅，缩短在路上的无谓迂回，早日修成正果。

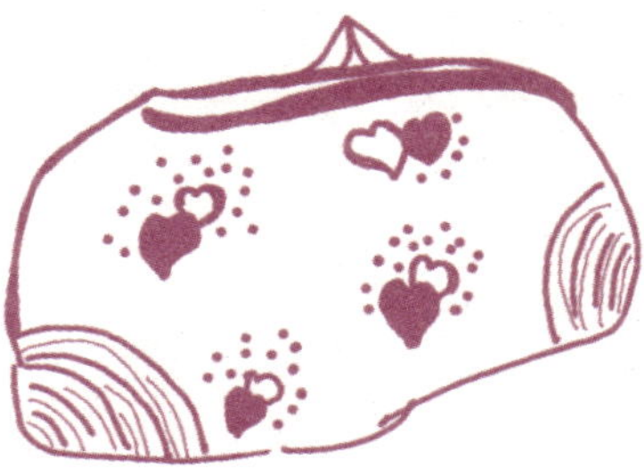

兵法2：抽身离去有时是上策

曾经有人说过：好的水手知道在什么情况下弃船。不要觉得这样的水手没有义气。死忠，对自己，对别人，其实都不是好事。

懂得放手，才会有赢得的机会。舍和得，其实不过是月亮的这面和那面。没有好和坏之分，不过是事情的两个不同角度而已。

很多人容易陷入苦恋。那样的恋爱，是一场和自己内心的拔河。那个他（她）落花有意流水无情，任凭你做到什么程度，他们都不会交出

自己的内心。因为他们的心不属于你，这点，他们自己很清楚，只是你还一直心存幻想。

要想成功，努力并不是第一位要考虑的因素，第一位的是选择。当你的努力收效甚微时，要做的不是否定自己，而是停下脚步，整理下自己的足迹，看是否真的在朝正确的方向走，如果选择的方向就是错的，你的努力其实是离目标更远，停下脚步倒是前进。

爱情正是如此。如果你一开始，就抱定心思去追求一个不属于你，也不可能属于你的人。你的努力，并没有拉近你们彼此的距离，而会让你错过一个又一个可能早在你身边的真爱。你的时间蹉跎给了错误的人，就失掉了找到真爱的宝贵机会。

抽身离开是一个不错的做法。你离开的决心一旦形成，其实是可以有好几种良好的结果的：

结果1——你的离开，解脱了你，也解脱了他（她）。你的爱，可以感动你，但是对于他（她），是一种困扰。你离开，他（她）也得到了重生的机会，如释重负的不仅是你，也有他。你虽然放弃了和他（她）做爱人的机会，却意外地收获了一份更长久的友谊。

结果2——你的离开，给了真正爱你的人一个机会。也许他（她）早就在你身边，看着你痛苦地陷入爱的漩涡却无能为力。他（她）听你诉说苦恼，陪你哭泣，因为你陷入了迷局，所以你没有力气感受他（她）给予你的，比朋友多一点，比恋人少一点的温暖。当你决定不再苦恋，抽身离开。走出迷局，也许你发现，离开并不是结束，而是另一段幸福恋情的开始。

结果3——你的离开，让你求之不得的他（她）却开始回应你了。你的存在对他（她）已是习惯。他（她）不清楚自己的内心，正是你果断的离开让他（她）审视自己的内心，原来他（她）也喜欢你。太近的距离看不清，距离远了，才知道你是那么的不可代替。

兵法3：扮猪能吃掉大大的“老虎”

有一种战术叫做：扮猪吃老虎。这一招，是很厉害的。

爱情中，人有一种本能。这种本能是人性的本能，那就是，同情弱者。同情发展成爱情，这是常有的事情。

有些人认为夺取爱情最直接最有效的路径就是强攻，没错，如果你的实力足够强大，优势足够明显，你自己也足够有信心，强攻是最省事最高效的。可人心是最复杂的，大家公认的实力和优势，在具体的人和事之中，有时不见得是有绝对把握的。更何况，太强势的姿态，气势汹汹，很容易把心仪之人吓得远远的。还没等你做足架势往前冲，那个人已经逃之夭夭。

不如迂回一点，曲折一点，随风潜入夜但又润物细无声地悄悄打动对方的心，以退为进有时更有胜算。

这个度是需要把握好的。扮猪的目的，是收敛自己咄咄逼人的锋芒，把百炼钢变成绕指柔。情场如战场，但你的心爱之人却不是你要攻克的“敌人”。对待敌人的残酷在这里是完全不适合的，你要做的，是去争取，而不是攻占。

为何扮猪能吃掉大大的老虎？因为在爱中，特别是需要做取舍时，大多人心里会在心里权衡：A和B都很好，A很强，没有我，他（她）还是能好好过下去的，他（她）够坚强，一定能走出来，找到更好的人。而B，他（她）没有我好像不行呢，他（她）会活不下去的，会生病的，没有我可能都没活下去的勇气了，我如果放弃了他（她），我于心不忍……

那么，如何扮猪呢？如果你是女生，你可以这么做：

不要在他面前逞强，适当表现自己的柔弱

拿不动重东西，不会换灯泡，看到毛毛虫和蟑螂小强被吓得花容失色。

理解力不用那么好，心有灵犀有时不必要

看不懂财经新闻，不会做复杂的数学题、物理题、化学题并不丢脸。当他显摆自己高深知识的时候，不要一点就通，多请教几次，让他尽情得瑟。

做个迷路宝宝最招人疼

迷茫少女？方向盲？分不清左右？没关系，做一个迷路宝宝最能激起男人的保护欲

如果你是男生，你可以这么做：

男儿有泪也可流

心里有委屈，别憋着了，憋出内伤已经不流行，会哭的男儿更感性，你的泪很容易让心爱的她母性泛滥，对你疼惜不已。

告诉她你生病的消息

生病中的大男人最可人疼了。平时那么风风火火的老爷们，居然没有了平时的威风，真是我见犹怜呀，让她尽情表现自己的贤良淑德吧，照顾你的过程，于她是一种积累感情的过程。

约她喝啤酒倾诉烦恼

不一定都要去咖啡厅，喝点啤酒，吃着烤串，这样的气氛有时更亲切，让她感觉你是多么拿她当自己人，喝着吃着，再说说你工作中的烦恼，给她当知心姐姐的机会，她当上瘾了，你也就成功了。

兵法4：声东击西带来的意外惊喜

这招使用起来特别要注意时机和力度。

声东击西，其实也就是“醉翁之意不在酒”的另一种表达。面对“目标”既不要过早惊动，但又要保持一定的频率和出镜率地出现在他（她）身边。

制造偶然的邂逅

偶然是没有规律的，如果要“制造”，一定要让这样的偶然“剧情合理”。无论是在哪里的“偶遇”都要能够自圆其说。一旦露出刻意的痕迹，那就弄巧成拙了。

制造帮助的机会

雪中送炭总是比锦上添花让人记忆深刻，心怀感激。当他（她）遇到困难时，你能及时地出现在身边，并有能力帮上一帮，一解燃眉之急，这一定会让对方对你刮目相看。这样的好机会如何制造出来？当然不是让你去给对方先制造麻烦了，需要做的不过是信息的及时获知，如果他（她）身边的朋友已经被你顺利“收买”，通报信息的事情就不愁没人做了。

制造无伤大雅的紧张感

若有若无，但又那么凑巧地不时出现在他（她）面前，时间一长，他（她）肯定也疑惑。这时，可以进一步行动，制造一下紧张感，比如，刻意消失一段，试试对方的反应，看看他们是否能察觉你的缺位。是否会期待你的出现（这个反应当然由“线人”收集）。

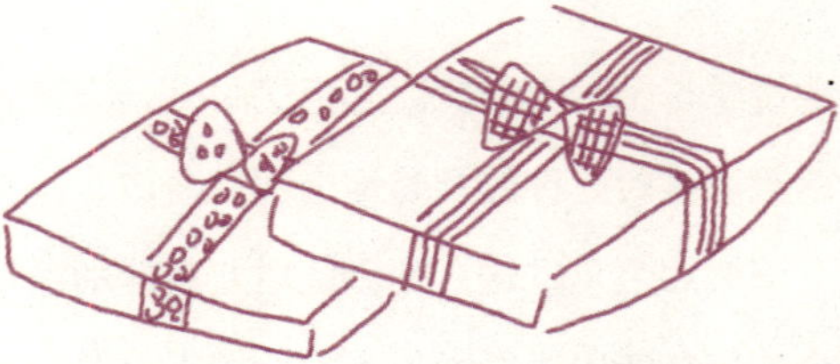

制造小小的误会

可联合他（她）身边的好友，放放烟雾弹，让他（她）误认为你只是对他（她）身边的朋友感兴趣，因为每次你出现时候，他（她）身边必定有那个朋友，当他（她）开始怀着羡慕的目光和口气和朋友说起你的时候，你表白的时机就到了。你送给他（她）的大大礼物就是：其实，我喜欢的人是你。

兵法5：循序渐进由知己升级为爱人

这一招，堪称爱情中的“潜伏”大戏。因为，不是每一段爱情都是一见钟情，如果爱的种子已经播下，只是还没发芽，不如亲自培养它。

友情和爱情，本来就界限模糊，性子太急，有时倒容易吓跑对方，先从朋友做起，慢慢了解，量变后质变，这样的爱情，有友情做基础，比一见钟情更可抵抗风雨。

知己是最容易打开对方心扉的一个角色，做好知己，慢慢地陪着他（她）共患难，同欢喜。

知冷知热，做最贴心的知己

细心呵护，长期的，坚持不懈的关心最能看出一个人的真心。一旦他（她）习惯了你的存在，关系的往前发展就是水到渠成的事情了。

出谋划策，做最有智慧的知己

他（她）的工作遇到了瓶颈，焦虑中，向你倾诉。这时的他（她）不仅需要一个倾听者，更需要一个能给他（她）建议的人。如果你的主意能让他（她）茅塞顿开，恭喜你，你从此就列入了他（她）最倚重的朋友名单。而有一种爱情是正是从崇拜开始的。

畅聊无限，做最有共同语言的知己

聊得来，所以就有了交心的可能。你了解他（她）的爱好，并深深沉迷其中，你就有了和他（她）拉近关系的良好平台。他（她）是数码迷，那你千万别太逊，新型号，新功能，他（她）知道的，你最好也略知一二。他（她）对时尚感兴趣？那你可不能放任品位上的差距，让自己过时地像个路人甲。如果他（她）爱好拍照，如何拍出精彩的照片，互相欣赏自己的摄影作品并能提出精彩的改进意见足够让你们度过愉快的一个下午。

巧手烹饪，做最有味道的知己

抓住他（她）的胃就抓住了他（她）的心，这句话什么时候都不会过时。学好厨艺，绝对是个俘获人心的加分技能。做一桌好菜，邀请他（她）来品尝，没有什么比这个更让人感觉温馨和踏实的了。

兵法6：吃回头草的是匹聪明的马

总说好马不吃回头草，这句古训不知道阻挡了多少破镜重圆的佳话。其实，吃回头草的马，是一匹聪明的马。

此话怎讲，我们细细说来。

为何马要吃回头草。按理说，回头草是吃过的，应该是没有未来没吃过的草那么新鲜。可新鲜的就一定是好的吗？未必。一匹会思考的马，在吃过之后，会停下脚步，问自己，是不是未来遇见的，就一定比过去的遇见过的好。如果碍于面子，也许会继续往前走，错过就错过了，可聪明的，一定会抛弃成见，勇敢回头，去寻找自己曾经遇到的过的幸福。

马如此，人也可以如此。

在人的一生当中，总会遇到一些人，一些事，遇见爱情。年轻时，我们不懂得爱情，也不懂得珍惜，总觉得现在拥有的不够好，我们会遇到更好的，更精彩的爱情。一直到后来，才不得不承认，当年那段轻易就放弃的爱情，却是自己多年来一直念念不忘的最有价值的情感。但是，大多人在意识到这点的时候，并没有下定决心回头去找回那遗落的珍贵情感，而是带着遗憾继续赶路，然后在心里留下深深的遗憾。

为何要放任这样的遗憾变成永恒？其实，我们有很多机会去避免这样的遗憾，需要的，不过是敢于往回走的勇气。

不要觉得回头的路那么难走。不要觉得拾起那段遗落的情感那么难以行动，面子是别人看的，里子才是关于自己的内心感受的。往回走，别人的嘲笑是暂时的，如果能够找回珍贵的爱，那点嘲笑是那么微不足道。

不要用“天涯何处无芳草”来安慰自己，当你错过幸福，并不能用对未来的期许代替那种遗失的失落，能够回头去找回来，这是亡羊补牢为时未晚，不管结果如何，总是比到了年老时才追悔莫及让人宽慰。

看到这里，还等什么，错过的，如果没有走远，赶紧回头把爱追回来吧。

兵法7：美人计从来都是百试不爽

没有人会拒绝美丽的事物，美人也在受欢迎的行列。所以不要想独辟蹊径，“犀利哥”是帅，但那只可以远观，在新闻中欣赏，在现实中，那种风格还是会让人敬而远之的。

要征服他（她），把自己弄得山青水秀赏心悦目很重要。

对于女生来说，哪些男生的形象是受欢迎的呢?

英伦绅士风

温文尔雅，代表没有野兽般的进攻性，这样的男生，穿着整洁的衬衫，不喧哗，不夺目，但衣着有品质，有一种暗暗的光华。身上永远有一种淡淡的如青草般好闻的清新味道。有此男生相伴，一生波澜不惊，如温吞的开水，不炽热却一直有温度。

时尚潮人风

衣着符合潮流，这是对自己的尊重，也是对别人的尊重。不用站在潮头，但需要跟上时代。这样的男生，代表了很高的情商和社会适应性。和这样的男生相伴，别的不说，不会闷是肯定的。

文艺格调风

文艺风不是每个人都能驾驭的，如果能驾驭，那得多好的气质才能够相配。有这样的男生相伴，直接提升了女生的个人品味。

对于男生来说，喜欢的女生形象则是这样的：

可爱萝莉

卡哇伊的小女生，太容易引发男性的保护欲。虽然这样的女生除了撒娇就没有太多特长，但可爱已经能够弥补一切。至于其他方面，可相处之后慢慢培养。

温柔淑女

一肩长发，一袭长裙。白衣白袜，这样干干净净，安静贤淑的女孩，很自然让人我见犹怜。再放荡不羁的男生，遇到大明湖畔的雨荷，都忍不住驻足流连。

自信御姐

制服在身，职业女性的精干魅力无人能够抵挡。果敢的中性风或者女性到极致妩媚都能形成御姐的强大气场，这样的女生，总是能吸引一些特立独行，性格同样独立的男生的注意。

兵法8：创造机会英雄救美

这种剧情一般只在电视电影中出现。大多带有喜剧色彩：男主角爱上了一个女孩，苦于没有机会搭讪接近，于是，就让自己的一干好友弟兄假扮坏人，给女孩制造小麻烦，然后他在合适的时机出现，英勇地挺身而出，保护女孩。女孩感动之下，往往对这样的“英雄”心怀好感，如果顺利，剧情往往就是英雄抱得美人归。

这虽然看上去过于戏剧化，但也不是说在现实中就绝无可能。如果你的心仪之人刚好遇到凶险的状况，你确实正好及时出现并帮助她脱离险境，你的英雄壮举一定给你加分不少。

机会有时是可以创造的。俗话说，知己知彼百战百胜。

晚归的她，我是她的护花使者

她下夜班，要经过一条黑黑的小巷，急需护花使者。这就是你表现的好机会了，放下所有的事情，做好她的护花使者吧！让她对你产生依赖感和信任感， 这样的依赖感或许能让你们走得更近。

英文不好的她，我是她最耐心的老师

她英文不好，可工作中是需要用到英文的。她急需一位有耐心的好老师。如果你恰巧英文好，这机会就不能错过了！赶紧自告奋勇做她的英文老师吧，在学习中，培养她对你的崇拜感，在这样的学习互动中，她的英文水平提高了，你们的感情也升温了。

工作中遇到难题的她，我是你的军师

工作中遇到难题，她愁眉不展，不知道如何下手。可问题又不能不解决。这时，职场经验丰富的你就要挺身而出了，陪她一起找到问题的症结所在，给她合适的建议，和她一起渡过工作的难关。都说患难之中见真情，你们共同经历过的一切，都是你们今后相处的坚实的感情基础。

英雄救美，在新时代，不是逞匹夫之勇，而是用真心，用智慧，去帮助心中的“女神”克服困难，和她共患难之后让她看到你的真情。

兵法9："收买人心"的积极意义

都说堡垒总是从内部攻克，这法则，对于爱情同样适用。

很多人不明白这点，在爱情刚刚萌芽之时，就不懂得处理和他（她）身边好友的关系，与他们处成了争夺关系，最终，爱情败给了友情，落得个惨淡收场的结局。

爱情和友情其实并非是对立的，如果和他（她）身边的朋友好好相处，让他们认可你，接受你，你等于是找到了爱情的助力。得到朋友们祝福的爱情是顺风顺水的，根植于友情中间的爱情能抵御狂风暴雨，能在很多危险的时候化险为夷。

爱情攻克期，友情给你帮帮忙

不好说的话，不易表达的感情，交给他（她）身边的好友去试探吧。他们不是当局者，所以你不会尴尬，对方也不会觉得尴尬。如果你喜欢的他（她）也刚好喜欢你，就让早就被你“收买”的他（她）的好友为你们穿针引线，促成有情人终成眷属。

恋爱中的小波折，友情给你来说和

恋爱了，开始你们甜甜蜜蜜，眼中只有对方，看不到全世界。千万不要做这种见色忘义之人哦！友情在你们的爱情中绝对不是多余的，当你们遇到波折，和恋人有了争执，为你们说和的，没有别人，就是你们的好友。没有他们的参与，也许你们都会为了自己的面子而不肯低头，最终葬送一段好姻缘。

破镜重圆，靠的还是友情的愈合力

分手后，感觉还是对方最适合自己。怎么办？自己去认错，效果未必好。如果是由好友去转达自己分手后过得不好的“惨状”和希望复合的愿望，那会比较真实，更能打动人心。如果这位好友是你们的共同好友，修复的力量会更大。

兵法10：适度的“坏”谢绝好人卡

爱情中最悲惨的事情是什么？不是我站在你身旁你却不知道我喜欢你，而是你知道我喜欢你，你却笑着给我发了一张“好人卡”。

“你是个好人，可我们不合适。”听到他（她）这么说，你的心碎了一地。

难道人太“好”也是一种错？

你觉得很冤枉吧？自己对他（她）付出了真心，全心全意地对他（她）好，自问自己，已经做到了最好，为何却换不来他（她）的热情回应。

而这问题，正是出现在了“好”上面。你的好，已经没有了原则，你在对他（她）好的过程中，已经迷失了自己。你的眼中只有他（她），而自己，则卑微到了尘埃里。

爱情中，相爱的是两个独立的个体。如果一方舍弃了自己的独立性，并不能换来别人的怜惜，得到的，往往和自己期待的背道而驰。

如果在好之中加点“坏”，当成爱情中的调味品，那就是为爱情加上了可口有趣的滋味。

坏，并不是人品的坏，而是一种个性的鲜明体现。

百依百顺？不要

太容易得到手的东西，人们一般都不珍惜。如果你对他（她）百依百顺，他（她）会在心里轻视你，无形中，会自抬身价，和你的距离并不会因你的低姿态而拉近，相反，你们的距离会越来越远。

总是赞美？不要

不要总是赞美他（她）。你的好话说多了，他（她）会形成习惯，并深以为然。然后，对你永远只有俯视。不要自己给自己造成这种落差。这种落差，让你离你的爱情越来越远。

没有脾气？不要

从来不发脾气的，不是人，是神！你的好脾气，在他（他）眼里也许不是优点，是缺点。永远如同面团似的性格，会让你变成一个“中性人”，性质稳定，但缺乏人味。谁也不会希望自己的另一半是这样的绝缘体。毕竟，生活是需要节奏的，舒缓的抒情曲听得太久，也会感到厌烦。

当你爱上一个人，不要被爱冲昏头脑，不要违心地去扭曲自己的本性。过于讨好对方，大多时候会适得其反。不如保持你个性中的精彩之处，和他（她）谈一场跌宕起伏，错落有致的精彩的恋情。

第四章

情爱之上婚姻之下

有情有爱，

却为何到不了幸福的远方

片段1：婚礼当前为何我总是落跑

有一种“病”叫做“婚前恐惧症”。这种“病”在没发作之前，其实一切都很正常，他们谈情，说爱，吃饭，看电影，去旅行，这过程中，他们和爱侣情投意合，情意绵绵。

终于，到了谈婚论嫁的时候了。之前的浪漫需要轻轻地降落，柴米油盐酱醋茶，这些平凡的琐碎，将不再只是旁观的讨论，即将成为今后每日的重复。

于是，有人如梦初醒，从缠绵中挣脱出来，逃离开去——他们的“婚前恐惧症”发作了。

这种病的本质是什么？他们并不拒绝甜蜜的爱情，不拒绝成双成对的感觉。他们并非孤独症患者，是什么让他们感到害怕？是责任。

在结婚前逃跑，是被婚姻的真面目吓跑的。他们只享受婚姻中最甜美的那部分，另外的部分，他们敬而远之。

可世间每一段爱情都希望能朝夕相处，相处之后，是更深地参与对方的生活，更深入地融合进对方的家族，融合的极致是生儿育女，然后，携手白头。

如果没有做好这样的全身心的思想准备，就会在婚姻的前夜踯躅不前，甚至逃跑。逃跑之后，在忘记婚姻的恐惧后，他们继续投入另一段情，再次重复这样从甜美到恐惧的过程，周而复始。

谁能治愈这种“怪病”，不是别人，正是自己。解铃还需系铃人，自己内心的恐惧，只有自己最清楚。甜蜜之时，预演一下婚姻的章节吧，在琐碎之前，控制住自己想要逃离的脚步，沉浸其中，静静体会细碎的安宁和幸福。外出吃饭？还是在家吃吧，和恋人一起逛进喧闹的超市，去准备一顿平凡的饭食，吃完饭，收拾碗筷，洗碗并整理厨房，充满烟火味的生活，能给人足够的安全感。

慢慢的，是不是不那么害怕了？原来那么排斥的人间烟火，其实很快乐。当你享受其中，恭喜你，你的“婚前恐惧症”，治好了。

片段2：试婚试出的厌婚症

记得有人说过，结婚是需要有冲动的。这句话没错。两个生活在不同背景下的人，在某一个偶然的时间相遇了，两人的不同点被热烈的爱情模糊，双方都充满了为对方付出，甚至“牺牲”的动力，恨不得每分钟都和对方粘在一起。这个时候，如果趁热打铁，赶紧把结婚这件事办妥了，就算婚后爱情褪去，也能慢慢变成不可或缺的亲情，有足够的能量能让两人的相守维持一生。如果最热烈的时候不结婚，时间一长，当爱情的冲动褪去，就越来越打不起结婚的精神了。

这类人，患上了“厌婚症”，或者叫做“懒婚症”。

这类人不结婚的理由往往是：两个人相处那么久了，和结婚没啥两样了，何必在乎那张纸（结婚证）。

真的是这样吗?

其实，这不过是“厌婚族”的借口。那张“纸”还真不是多余的。有了那张“纸”，就赋予了婚姻一种责任感。这种责任感让人不会无原则地放纵自己，就会对心爱的人有更多的宽容心。即使对方有让自己不满意的地方，也不会轻易拂袖而去，而是愿意去改变现状。不能改变自己就努力去适应对方。如果没有婚姻作保证，分手的代价太小太容易，一点点小小的分歧或争吵就能让曾经相爱的情侣劳燕分飞。

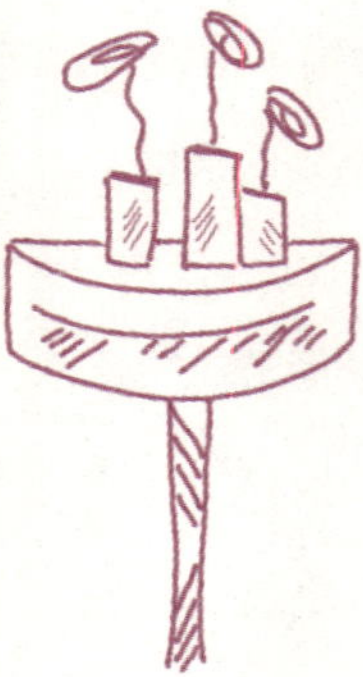

因此，恋人们可以试婚，但千万不要把试婚当成婚姻，不要把幸福建立在危险的悬崖边上。婚姻虽然不是万能的，但却

能培养人的耐心和妥协精神，甚至是合作精神。试婚的期限不要超过一年。一旦超过这个时间，人就容易陷入一种惰性，不想往前了。

不要觉得在热恋期结婚是一种容易后悔的冲动，很多时候，这种冲动是值得尝试的。试想一下，在恋情最热烈的时间结婚，你们一起体会到了最有爱的婚姻，即使以后爱情转淡，那也不枉此生。

相爱的情侣们，事不宜迟，如果觉得自己离不开对方，如果你们有了一定的相处基础，不要沉迷于“扮家家”似的试婚了，赶紧和心爱的人，把那种庄严的“纸”领了吧！有了婚姻的“营业执照”，虽不能保证这段婚姻一定能携手白头，但却能保证爱情从此有了安身之处，之后的路，你们会走得更加安稳，更有幸福感。

片段3：婚姻不是玩勇敢者的游戏

结婚需要有冲动？好吧，现在有结婚的冲动了，那就结吧，就当成这是一场冒险游戏。如果这样想，你的婚姻从开头就太随意：随便遇见一个人，然后，随意地结个婚。这样的婚姻，似乎在缔结时就想到了解散时的情景。他们是不折不扣的“闪婚族”。

和“厌婚族”相比，“闪婚族”似乎是个行动派，想到了，就去做。可这样的行动，更像在玩一场勇敢者的游戏。

可婚姻光有冒险精神是不够的。

缺乏后续的持续动力，就容易虎头蛇尾，华丽登场却黯淡谢幕。游戏可以勇往直前，走到不能走的时候，还有重来的机会。玩坏了也不过是一场游戏，可以不用那么较真，可婚姻的解散却没有这么简单。

有决心结婚仅仅是个开始，更考验人的是相处的毅力。相处需要智慧，更需要宽容心和陪着对方慢慢体会人生五味的决心。结婚需要勇敢，相守一生更需要勇敢。放弃一段感情，看上去很勇敢，其实，相濡以沫才是真正的大智大勇的修行。

婚姻如同在玩太极，看上去绵软无力，却自有风骨。缔结婚姻，可以安静内敛，但不可空虚无物。需要双方怀有诚意，这是婚姻的骨架。然后，抛弃漫不经心，抛弃游戏的态度，投入真感情，许下郑重的盟誓，给婚姻以足够的诚意。

婚姻需要激情，需要冲动，但千万不要用玩游戏的三分钟的热度参与。三分钟过后，游戏可以结束，生活依然可以继续，可婚姻的解体，带来的伤痛也许需要一生来疗治。

片段4：被欲望清单绑架的姻缘

婚姻是两个人的事？不，不，不！事情并没有这么简单。现实世界太多牵绊，总让人不得不暂时从爱情中抽身出来，去正视讨厌但又不得不面对的物质世界。结婚不是扮家家，所以，准丈母娘对准女婿说：你得有一所能让我女儿有安全感的房子，你需要有接送我女儿上下班的车子，你得有能保证我女儿一辈子衣食无忧的票子……

准婆婆当然也有话说对准儿媳说：我们可以帮我的儿子买房子，这房子你们可以住，条件是，你们的婚姻要一直有效。一旦婚姻解体，你休想分走这房子的一砖一瓦。房产证上，只能写我儿子一个人的名字。

准新郎也不是一直沉默不语的，他也有一些需要在结婚之前声明的：亲爱的，我负责在外面努力挣钱，你要努力照顾好家庭，还要为我生一个聪明的宝宝。

准新娘可不是逆来顺受的那款苦情女，她理直气壮地宣布：我没吃你家一粒米，没穿你家一件衣，是我父母把我辛苦养大，嫁给你后，撇下我的父母，把你的父母当自己父母，把你的兄弟姐妹当自己的兄弟姐妹，我父母的心血体现在哪里？我岂不是真的成了赔钱货？这可不行！听好了，你家买的房子，要加上我的名字，否则，我给你生的孩子就不跟你姓。

就这样，婚姻在缔结之前，先要进行一场旷日持久的物质和条件的谈判。这样的谈判很伤害感情，谈判成功前，说好的婚姻也许还来不及正式成立就一拍两散了。

婚姻确实需要一定的物质基础，谁也不是不食人间烟火的特异品种，可过分强调物质，就走入了物质至上的极端。

被欲望绑架了的姻缘，即使条件谈妥，最终缔结，却失掉了最该拥有的幸福甜蜜的感觉。

赢得了物质却伤害了感情，获得与失去，哪头轻哪头重？

片段5：要不要娶“女神”是个问题

这个时代，不缺女神。虽然女神有点高不可攀，那也是相对于屌丝（普通平凡的青年）来说的，她们的冷若冰霜只是一种姿态，她们有笑脸，但那不是为了普通青年准备的。

女神有好的相貌，有好的家世，有好的文化背景，女神并非不食人间烟火，她们明白自己的优势并希望用好这个优势，为自己换来甜蜜到令人艳羡的爱情或者常人无法想象的奢华生活。

有女神爱才。男人只要有才，哪怕不修边幅，哪怕放荡不羁，哪怕穷困

潦倒，她们也义无反顾跟随。因为女神相信，自己不是普通人，才子如果没遇到她，那就是一废人。女神降临，一切都变得有了希望。有才华，迟早会出人头地。她们其实是被自己的眼光打动的，她们有坚定的信念，自己拥有的，是一块璞玉，是一支潜力股，这样的女神，有点理想主义，但确实是真女神。

有一类女神是伪女神。她们做出高不可攀的样子，只是给人看的。她们其实不缺热情，但她们的笑脸明码标价，坐等权势的出价。这样的女神，一般人“无福消受”。

当然还有一种女神，那真的是把女神当成了一生的事业。她们不迁就任何人，她们特立独行，她们只为自己而活，这类女神，是女神中的女神。

看到这里，普通青年们，你们做好决定了吗？要不要娶“女神”回家？

如果真的把追求女神当成自己的人生理想，那就勇敢地去追求吧！屌丝逆袭的事情也不是没有，在电影里，黄渤，经过101的求婚，不也皆大欢喜地俘获了志玲姐姐的芳心了吗？人生的励志大戏，光是旁观和惊叹，有点枯燥，不如把“剧情”变成现实，好好经历。

万一逆袭成功，也别开心到忘形。要想知道女神是不是一时冲动下嫁于你，可不能掉以轻心，要用一生的事情去小心翼翼。

是的，把女神娶回家是很累的，你确信你有了这样的思想准备？

片段6：论“门当户对”的普适价值

一说到门当户对，就有人跳出反对，大叫：封建主义。新时代，还讲什么门户呀！是的，在旧时代，门户代表的是阶层，只有阶层相当，婚姻才有意义，才对两个家族有帮助。那个时代没有爱情，只有充满利益感的婚姻关系。

到现代，门户相当又指的是什么了？那就不是阶层的匹配了，更多的说的是文化背景和“三观”的契合度。

你们读过同一本书，喜欢同种类型的电影，你们爱上同种风格的风景，你们喜欢同一种口味的菜肴。你们遇到悲情同样感同身受，你们遇到可喜同样会开怀大笑……

总之，你们能理解对方的大多细微感受，你们的交谈没有压力，你们的沟通毫无问题。更让人吃惊的是，你们的默契度相当高，有时，语言都是多余的，一个眼神，你们已经了解了彼此的心意。

这就是幸福。这样的爱延续下去缔结的婚姻才有意义。

相反的景象又是怎样的呢?

两个人，使用的基本是两种“语汇”（因文化背景不同，平日所谈内容不同，高频使用的语汇自然不同），没有交集的平台，就算想亲近对方，都找不到切入口。这样的沟通和交流很吃力，但常常费力不讨好。

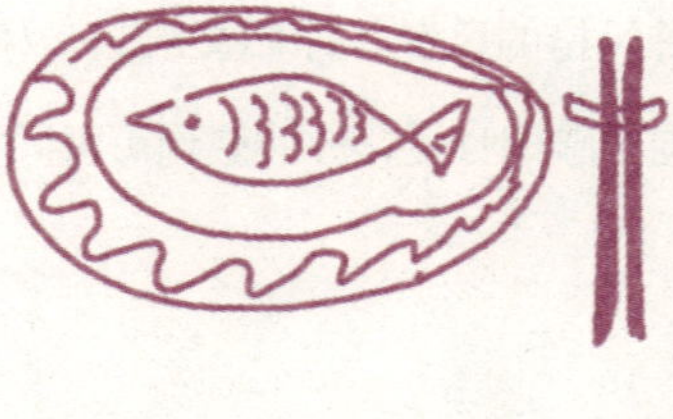

最要命的是，由于价值观的差异，两人很难在某件事情上取得共识或缺少共鸣，久而久之，就埋下了矛盾的种子。这种子如果有了发芽的契机，会疯长成参天大树。

不要排斥“门当户对”，婚姻不要做跨越式的尝试，婚姻不是试验田，有把握，比需要做未知的磨合更负责任。

片段7：悲哀的爱情木乃伊走不进婚姻

谁没有在爱情中被伤害过？世间有几个人，能够在情窦初开时就遇到那个对的人，然后谈一场从始而终的恋爱。

被爱伤害了，有些人在哭过之后，经过时间的耐心疗治，慢慢治好了那个伤口，继续自己寻爱的旅途，最终，在最合适的时间，遇到了自己能够相伴一生的爱侣。

有人被伤害后，自己抽干了爱的能力，变成了一具爱情木乃伊。

爱情木乃伊，患上了重症爱无力，失掉了对爱的热情，给自己挂上了请勿打扰的牌子，谢绝身边精彩的风景。

其实，爱情木乃伊惩罚的不是别人，正是自己。那个人伤害了你，那个人已经不爱你，你的任何表现，都已经不能吸引对方的注意。你已经从对方的生活中隐去，可你却不肯走出已经谢幕的爱情过去时，把失恋演成长篇的电视连续剧。

你怨恨的是爱情的上个“主顾”，但是，你却把恶劣的情绪发泄在怀揣真心，把你视作珍宝的新“主顾”身上。本来是青春妙龄，非把自己糟践成了清仓大甩卖的尾单。

怀着这样心态的爱情木乃伊不可能顺利走进婚姻。因为婚姻不是单方面的付出，对方的付出，需要你做出有温度的回应。婚姻不是单机游戏，婚姻是需要互动才会有质感，有质量。

在热播剧《失恋33天》中，黄小仙用了33天走出了爱情僵尸的状态。她当然也经过了失魂落魄和痛不欲生的阶段，这是一种正常的反应。所幸的是，她足够坚强，足够勇敢，最后，伤愈出关，重新恢复了阳光灿烂。

走出这段“梦游”的不在状态的时间段之后，她发现，其实身边早已经有了一个默默关注她爱护她的王小贱，幸福其实就在身边，只要你不做眼神发直，行尸走肉的爱情僵尸。

片段8：肉食者的肉食婚姻

肉食者信奉的是丛林法则。事业如此，生活也如此。爱情也不例外。

肉食者在寻觅结婚对象前，早就明白自己该找什么类型的人了。他们头脑冷静，坚信自己不会被所谓的感情冲昏头脑。

他们的爱情和婚姻都不是吃“素”的，或者说，他们的爱情和婚姻，都是需要有营养的。婚姻的缔结，更类似于某种合同或者契约的缔结。

有益于前途和发展，或者在事业上，婚姻能助力，这是他们缔结婚姻的理由。婚姻中的爱情和亲情，在他们心里不是没有分量，只是，这分量比较轻。当这些与利益有冲突的时候，都是需要让位给“更重要”的事情的。

肉食者有强悍的意志，有强悍的目标，有强悍的体力。保持强悍的手段，必须要不断“食肉”。

可这样的食肉者，往往在婚姻中榨取了太多东西，以至于消耗了爱情和责任感。而爱情和责任感，正是婚姻中不可缺少的强力黏合剂。但一段婚姻洗尽铅华，剩下的，只有情，此外，无他。

不管肉食者多么强悍，他们的过度索取，使婚姻并不会因他们个人的强大而变得日益强大和生机勃勃。事实恰巧相反，他们自身的发展往往伴随着婚姻的没落。可他们忘记了，支撑他们的，不是别人，其实正是被他们透支了“骨肉”的婚姻。

也有被他们同化的伴侣。原来的食草动物，在婚姻中，不断被磨练，不断被刺激，突变成了肉食者。有人说，这样好了，旗鼓相当，应该能和谐了。可是，这样的一段婚姻，两个肉食者并驾齐驱，生活变成了你追我赶和较劲，婚姻失掉了最后一丝温情，这样的婚姻还有何意义？

食肉者的婚姻，金玉其外败絮其中。

片段9：婚姻让爱情死有葬身之地

总说婚姻是爱情的坟墓的人，是爱情中的悲观主义者。对于爱情，他们未必都经历到通透。但却对未来抱有太多的沮丧情绪。

这世界不如你想象中的好，但也未必如你想象中的坏。婚姻不见得都是爱情的避风港，但也不会是个噩梦世界。

在婚姻中有强烈失落感的是理想主义者。他们希望爱情狂热期中的那种被关注，被呵护，被众星捧月的感觉能持续一生。可稍微接地气的人都知道，这样的关注、呵护是很耗费体力的。短期可以，长期，那是谁都无法胜任的。

于是，聪明人，在结婚后，把眼睛闭上了一只。调低自己的忍耐底线，自觉降低期待值。这样技术处理后，婚姻变得比想象中美好许多。

不肯接受现实的人。把享受生活的时间用来长吁短叹，期待值太高，让心理落差变成了幸福的拦路虎。

婚姻不如想象中的好，因为那是不同个体因爱情而缔结的关系，就应该给对方足够的磨合空间。婚姻是小苗，也需要耐心呵护和成长的时间。

婚姻不如想象中的坏，因为有爱。有爱就应该有宽容和忍耐。有爱，就应该无论甜蜜和痛苦都一起承担。因为有爱，才不应该稍不如意就自暴自弃怀疑婚姻怀疑一切。

婚姻不是爱情的天堂。如果一定要说婚姻的坟墓，那么，这样的“坟墓”起码让爱情能以另一种方式重生，不会死无葬身之地。

片段10：赢了你却输了全世界

爱情是一场竞技，这场竞技，你靠的是什么？

深情者，最有“杀伤力”的就是“情”。情，可销蚀掉最坚硬的外壳，可柔软所有的冷漠，可抚慰所有曾经的伤口。

耐心者，并不锋芒外露，但却有能足够让敌人都能回心转意的毅力。在他们的面前，任何的爱情藩篱都可能坍塌。

有才者，本身就是爱情大杀器。他们放荡不羁，他们才华横溢，他们举手投足都透着与众不同。他们如天然的优质产品，不用做广告就拥护者众。他们在爱情中类似于武林高手，无招胜有招。

有财者，拥有了世俗中分量最重的武器。虽然不能办妥所有事情，但办妥爱情，胜算还是很大的。

有权者，权力是最好的“化妆”，总有一些权力崇拜者趋之若鹜。至于权力外衣下包藏的是什么，都忽略不计。

就这样，各路神仙各显神通。你追我赶，在猎取爱情的路上出奇招，本真的心，最质朴的情，一退再退，退到无可退路，让位给了“精彩”的捕猎游戏。

可是，如果爱情是一场捕猎游戏，那么，赢得了爱情又如何，也许你失掉了全世界。